AF224537

NOTE

SUR LE

RÉGIME LÉGAL DES MINES AU CONGO BELGE

TOURS. — IMPRIMERIE DESLIS FRÈRES ET Cie

NOTE

SUR LE

RÉGIME LÉGAL DES MINES

AU CONGO BELGE

PAR

M. Louis AGUILLON

(Extrait des ANNALES DES MINES, livraison de Janvier 1912.)

PARIS

H. DUNOD ET E. PINAT, ÉDITEURS

47 et 49, Quai des Grands-Augustins, 47 et 49

1912

NOTE

SUR LE

RÉGIME LÉGAL DES MINES AU CONGO BELGE

———

Si peu que l'on se soit occupé du Congo belge, à quelque titre que ce soit, on ne peut ignorer que son régime administratif présente, notamment depuis la reprise de l'État indépendant par la Belgique, un mélange fréquent de mesures générales qui constituent, au moins en apparence, la loi relative à une matière, et de mesures particulières, individuelles, qui semblent parfois en opposition avec ce régime général, sans que celui-ci ait, du moins nettement, prévu de pareilles dérogations. Cette situation est la conséquence des conditions dans lesquelles s'est constitué à l'origine et continue à se constituer cette belle et immense colonie. Nous croyons utile, pour mieux éclaircir l'état actuel des choses, de revenir sur la période de l'État indépendant, du régime léopoldien, comme on l'a appelé, pour montrer cette œuvre si personnelle d'un grand roi qui était, et surtout se croyait souverain indépendant sous tous les rapports, œuvre très discutée, vivement blâmée dans certaines de ses parties, surtout par ses moyens d'application, mais œuvre qui n'a pas laissé de donner finalement des résultats d'importance capitale. Depuis qu'avec sa reprise, en 1908, le Congo est rentré, en quelque sorte, du régime du bon plaisir du droit ancien, dans le système constitutionnel de nos temps modernes, le gouvernement belge s'efforce chaque jour de revenir à des conditions plus normales; mais il y a toute une liquidation du passé, si court qu'il ait été absolument, dont on ne peut pas ne pas tenir compte. De là ces oppositions sur un même sujet. Dans le travail actuel de reprise de toutes choses il est curieux de constater, notamment dans le domaine économique, comment, à côté d'avantages individuels excessifs donnés à certains, on trouve, par une habileté trop fréquente pour ne pas avoir été voulue, des dispositions restrictives qui permettront aux pouvoirs publics, moyennant des ménagements judicieusement consentis, d'atténuer, voire même de supprimer les inconvénients de largesses originaires trop considérables.

Ce sont ces observations et ces idées générales qu'il ne faut pas perdre de vue lorsque l'on étudie l'état actuel du régime légal des mines ; et nous y verrons plus spécialement le mélange sur un même sujet de ces combinaisons si différentes que nous venons de mentionner.

Pour les mines, d'autre part, encore plus peut-être que pour tout autre sujet, il faut, au Congo belge, faire une catégorie à part pour le Katanga, vaste district, à lui seul, avec ses 47 millions d'hectares, presque aussi grand que la France, qui, par suite de circonstances spéciales, a eu et a encore un régime particulier. Nous l'examinerons après celui qui s'applique au restant du Congo. Ce régime du Katanga est d'autant plus intéressant en fait que l'on sait les ressources minières que l'on y escompte, pour discutées qu'elles soient aujourd'hui par beaucoup de personnes.

RÉGIME DU CONGO EN DEHORS DU KATANGA.

Dans une courte note, insérée aux *Annales des Mines* de 1894 (9ᵉ série, t. V, p. 278), nous avions indiqué déjà les conditions essentielles de l'octroi des concessions de mines dans ce qui constituait politiquement alors l'État indépendant du Congo sous la souveraineté du roi des Belges.

Le résumé des deux décrets des 8 juin 1888 et 20 mars 1893, qui constituaient ce régime, est si bref que nous croyons pouvoir le reproduire au début de cette nouvelle étude.

Le droit de rechercher et celui d'exploiter les substances minérales légalement détachées de la propriété du sol (*), ne peuvent s'exercer qu'en vertu de décisions dépendant de l'appréciation discrétionnaire de l'administration, jadis du roi souverain. Les concessions pour exploitation ne peuvent être notamment accordées que par décret du roi. L'inventeur a, pendant dix ans, un droit de préférence à l'obtention d'une concession que le roi reste libre, de son côté, de ne pas instituer, l'étendue de la concession ne pouvant dépasser 10.000 hectares. C'est un véritable droit ainsi attribué à l'inventeur dans les limites précitées, droit que celui-ci pourrait faire valoir au contentieux dans le cas où il le croirait méconnu par l'administration. La concession est octroyée pour quatre-vingt-dix-neuf ans ; elle fait, après ce délai, retour à la colonie avec tout son matériel d'exploitation. Le concessionnaire doit verser, en capital, au moment de l'institution, une somme fixe de 2.500 francs augmentée de 10 francs par hectare pour les métaux précieux (**), le

---

(*) Ces substances sont celles, en quelque sorte, traditionnellement placées dans cette catégorie en tous pays : substances métalliques, salines, combustibles, etc.

(**) Les métaux précieux comprennent l'or, l'argent, le platine, l'iridium et le palladium.

diamant et les pierres précieuses, et de 5 francs par hectare pour les autres substances. Il doit payer chaque année, à peine de déchéance, 5 p. 100 du produit net sans que la somme à verser ainsi puisse descendre au-dessous de 5 francs par hectare pour les mines de métaux précieux, de diamants et de pierres précieuses, et de 0 fr. 50 par hectare pour les autres substances.

En addition à ces décrets de 1888 et 1893 a été rendu un décret du 22 juillet 1904 sur le commerce et la circulation des métaux précieux trop spécial par son objet, et trop habituel dans les pays analogues par ses clauses pour que nous nous y arrêtions.

A ces divers actes la loi de reprise ou la charte coloniale du 18 octobre 1908 a ajouté, par son article 15, de nouvelles dispositions.

Aux termes du §1 du dit article, une loi spéciale doit déterminer les règles relatives aux concessions de mines. Il est admis en Belgique (*) que cette disposition donne une indication, formule un vœu, sans interdire l'institution de concessions, en attendant la promulgation de la loi prévue qui ne paraît même pas être en préparation. Aussi bien, cet article 15 dit lui-même, au §2, que, « en attendant », une concession de cette nature doit être consentie ou autorisée par décret ; ce qui confirme donc le régime antérieur. Toutefois cet article 15 de la charte a ajouté deux clauses générales aux stipulations antérieures :

1° Tout projet de décret de concession doit être déposé, avec les pièces justificatives, pendant trente jours de session, sur les bureaux des deux Chambres, pour que leurs membres puissent éventuellement exercer leur contrôle ;

(*) On trouvera tous les textes généraux sur le régime des mines au Congo dans : *Le régime minier du Congo belge*, par Daniel Koppieters et Jacques Van Ackere (Paris, 1911, L. Larose et L. Tenin), avec un commentaire sommaire, mais utile et intéressant.

ce qui signifie que le décret ne pourrait être rendu si l'une ou l'autre des Chambres s'y opposait.

2° Tout acte de concession doit limiter celle-ci à un temps déterminé, — ce qui était déjà stipulé, nous l'avons dit, — renfermer une clause de rachat et mentionner des cas de déchéance.

Tel est, légalement et réglementairement, l'ensemble du régime minier. du Congo, le Katanga laissé de côté.

En réalité, l'application ne concorde peut-être pas avec les conséquences qui sembleraient devoir être déduites des règles ci-dessus rappelées, en les interprétant pour leur application de la façon dont nous comprenons généralement les règlements européens habituels en matière de mines.

On ne cite pas de droits qui aient été constitués, en dehors du Katanga, depuis la réunion du Congo à la Belgique, c'est-à-dire dans ce qu'on peut appeler la période normale au point de vue législatif et administratif. Mais, auparavant, on s'inspirait d'une façon plutôt large des textes généraux de 1888 et 1893. Le roi souverain a constitué, en faveur de diverses sociétés, voire même de particuliers, des droits de recherche et éventuellement d'exploitation, en ce sens que les intéressés ont le droit d'obtenir, en nombre généralement fixé dans l'acte originaire qui les concerne, le droit d'exploiter les mines qui seraient découvertes par eux, ces mines devant alors, en principe, être soumises au régime légal dérivant des règlements généraux.

Nous croirions sans intérêt d'entrer dans le détail des concessions ainsi consenties (*), et il nous suffira d'en caractériser dans leur ensemble la nature et la portée.

(*) D'après des renseignements qui nous ont été fournis, avec une obligeance dont nous ne saurions assez le remercier, par M. Joseph Olyff, le si distingué secrétaire du Comité spécial du Katanga, il existe

Ce sont, quand on les considère ainsi, des privilèges de recherche constitués généralement pour un temps déterminé, quelquefois sans limitation mais pour la durée de la société; parfois exclusifs, surtout quand ils sont limités en temps et en extension, encore que l'extension paraisse toujours démesurée avec nos habitudes européennes; et elle reste excessive même pour les immensités du Congo belge, lorsque le privilège n'est pas exclusif. Il y a dans tout cela un mélange des idées d'où sont sorties la pratique et la distinction du « permis de recherche spécial » appliqué au Katanga, dont nous parlerons ci-après.

Ces droits de recherche ont été constitués gratuitement ou à peu près gratuitement; les mines qui en pouvaient dériver devaient, en principe, être soumises au régime général précédemment indiqué, lequel, on le remarquera aussi, et par différence notamment avec ce qui a prévalu au Katanga, est relativement très libéral au point de vue des redevances ou avantages stipulés en faveur de l'État.

En fait, on ne mentionne qu'une mine qui soit effectivement constituée et exploitée au Congo, c'est la mine d'or de Kilo, dont la production est actuellement de 1.000 kilogrammes par an, exploitée directement par l'État en suite d'une situation très particulière. Parmi les privilèges ou

---

six de ces privilèges de recherche et éventuellement par suite de concessions, constitués en faveur des bénéficiaires suivants :

1° Compagnie du Katanga, dans le bassin du Lomani ;

2° Société des chemins de fer vicinaux de Mayumbé dans le bas Congo, au nord du fleuve;

3° Compagnie des chemins de fer du Congo supérieur aux grands lacs africains dans la région orientale entre le Congo et les lacs;

4° Compagnie des chemins de fer du Bas-Congo au Katanga dans la région du haut Casai ;

5° Société internationale forestière et minière du Congo, dans presque tout le Congo en dehors du Katanga et des autres groupes et régions ;

6° Ex-Fondation de la Couronne, passée à la colonie, à l'extrémité nord-est du Congo.

zones priviligiées constitués dans le système général que nous venons d'indiquer, s'en trouvait, en effet, un en faveur de la « Fondation de la Couronne », qui formait une personne morale, une entité distincte créée à côté et en dehors de l'État indépendant et en avait reçu à ce titre des avantages privatifs analogues à ceux donnés à des particuliers. La « Fondation de la Couronne » avait notamment reçu le droit exclusif de recherche, impliquant le droit aux mines découvertes, dans un immense territoire de 60.000 kilomètres carrés.

Si l'on fait quelque peu abstraction et des temps et des lieux et partant des conséquences, on ne peut s'empêcher de rapprocher le système ainsi pratiqué au Congo par le roi souverain de celui qui fut suivi par nos rois de France pendant la seconde moitié du xvie siècle, de Henri II à Henri III, dans cette période si caractéristique de notre histoire nationale minière ; le rapprochement ne laisse pas d'être curieux à plus d'un titre, pour qui se plaît à comparer les époques et les circonstances.

RÉGIME DU KATANGA.

Le Katanga, auquel nous arrivons, ouvre de telles perspectives d'avenir, notamment pour ses gîtes miniers, que l'on ne s'étonne pas des entreprises générales, partie exécutées et partie projetées, pour l'établissement des voies de transport nécessaires à l'exploitation de ce district.

Par le sud, le chemin de fer arrive déjà à Elisabethville, la capitale du district, rejoignant celui-ci au Cap et à Beïra, sur la côte du Pacifique. Par le nord, des tronçons de chemins de fer, reliant entre eux les grands biefs navigables, vont permettre la jonction avec l'Atlantique, à l'embouchure du Congo.

Par suite de circonstances spéciales (*), ce district a eu, depuis l'origine de la colonisation belge, un régime politique, administratif et minier distinct de celui de l'ensemble du Congo. Des organismes spéciaux y avaient été établis, ayant jusqu'à des pouvoirs politiques fort étendus, comme dans le système des grandes compagnies à charte. Depuis la transformation du Congo par la loi coloniale de 1908, cette séparation a disparu en ce qui concerne les pouvoirs politiques et l'administration générale. Le Katanga est rentré dans l'organisation normale du restant de la colonie, doté seulement d'un vice-gouverneur propre; mais l'organisation antérieure a laissé, au point de vue de la propriété et de la gestion des terres et des mines, un organisme particulier, autonome, plutôt de droit privé, mais jouant pourtant un rôle administratif, qui constitue le Comité spécial du Katanga. Le Comité (**) est essentiellement un organisme d'exécution chargé de gérer une indivision, qui subsiste, pour la propriété des terres et des mines, entre la colonie et la « Compagnie du Katanga », créée en 1891 dans le système précité des compagnies à charte et n'existe plus aujourd'hui que comme une « holding », société dont les droits et les propriétés sont réputés être indivis avec ceux de la colonie et dont la gestion est remise au Comité spécial, de telle sorte que la colonie a droit aux 2/3 et la Compagnie du Katanga au 1/3 des résultats produits par cette gestion.

Pour les mines spécialement se présente cette particularité que la Compagnie de Katanga n'avait reçu origi-

---

(*) On trouve un bon résumé de cette situation dans : *Le Développement économique du Katanga*, par S. Rosenthal. Bruxelles, Société belge de librairie, 2ᵉ édition, 1910.

(**) Le comité se compose de six membres : quatre de ces membres, dont le Président, sont nommés par la colonie et deux par la *Compagnie du Katanga* qui a joué un rôle si particulier au début de la colonisation de ce district et sur laquelle nous aurons plus d'une fois à revenir.

nairement le droit d'exploitation dans tout le sous-sol du Katanga que jusqu'au 11 mars 1990 ; d'où suit que tant que persistera cette combinaison, le comité spécial rempla-çant l'administration, ne peut rétrocéder des droits d'exploitation sur les mines, constituer des concessions de mines que jusqu'à cette date. Et l'on voit quelle serait, avec le cours des années, la situation d'entreprises dont la durée irait toujours diminuant. La possibilité de revenir sur ce qui serait, en fait, une impossibilité ou tout au moins une gêne exceptionnelle est un de ces éléments que je disais être entre les mains de l'administration pour lui permettre, le cas échéant, de reviser, d'entente avec les intéressés, les dispositions originaires, afin d'aboutir à un régime plus normal et plus régulier ; ce que les circonstances du début n'ont pu permettre au roi souverain de faire dès la première heure.

Si, comme détenteur du droit d'exploiter toutes les mines du Katanga jusqu'au 11 mars 1990, le Comité spécial devrait pouvoir seul, en principe, en régler la rétrocession à des tiers, en fixer le mode de jouissance, les pouvoirs publics peuvent intervenir de leur côté pour déterminer, en vertu de leurs droits primordiaux de législation générale, comment peuvent s'exercer ces droits. De cette situation passablement confuse, qui est aussi une conséquence du passé, conséquence déjà partiellement corrigée, et qui ne semble pas pouvoir durer pour les tiers rétrocessionnaires, il est résulté un double régime légal pour l'exploitation des mines. L'un, que l'on peut dire du droit commun, ouvre à tous, en principe, sans distinction de personnes, le droit de recherche et le droit d'exploitation sous le bénéfice d'un règlement général qui est impersonnel ; c'est un système analogue, — sauf la question de durée des concessions, — à celui de tous les pays, vieux ou neufs, qui ont une loi ou un règlement, émané des pouvoirs publics, fixant le, régime minier. Tuotefois, pour l'application de ce régime de ce règlement, le Comité spécial représente et remplace l'administration ordinaire des autres pays.

L'autre régime est celui de contrats spéciaux, passés avec des compagnies à privilèges, qui peuvent se superposer au premier régime avec des ménagements appropriés; et, par l'application des idées et des distinctions précédentes, le Comité spécial n'a pas non plus, pour ces contrats, toute la liberté d'un vrai propriétaire; il reste sous l'action de la puissance publique. En dehors des particularités résultant de ce dualisme de pouvoirs, cette superposition, en matière de concessions de mines, d'un régime de droit commun impersonnel et d'un régime de contrats spéciaux, personnels, régaliens, — c'est le cas de le dire, — n'a rien d'exceptionnel; il est pratiqué, sous des formes diverses, dans nombre de pays qui ont pour base de leur régime minier une loi générale, un règlement impersonnel. C'est notamment le cas des colonies allemandes, et, à un certain point de vue, bien qu'il y ait ici plus qu'une nuance ou une modalité, notre pratique d'adjudications dans l'Indo-Chine.

Nous allons examiner successivement chacun des deux régimes que nous venons de distinguer.

Régime de droit commun.

Ce régime s'applique (art. 2) à la recherche et à l'exploitation :

1° De toutes les substances minérales utilisables par leur teneur en métaux ;

2° De toutes les substances utilisables par leur teneur en soufre et en phosphore ;

3° De toutes les substances fossiles combustibles ou bitumineuses ;

4° Du sel gemme, des sels métalliques, des sources salées ;

5° Du diamant et des pierres précieuses.

Dans l'énumération indicative détaillée que le texte donne comme une sorte de commentaire de la définition générique qui précède, il est curieux de relever que le tungstène, l'arsenic et le molybdène sont rangés dans les métaux, mais que l'on n'y mentionne pas l'aluminium.

Le sulfate de baryum est nommé dans les sels métalliques, mais non la fluorine.

On remarquera que si les phosphates sont mentionnés avec le phosphore, il n'est pas question des nitrates qu'il paraît du reste peu probable que l'on puisse trouver au Katanga.

Sur les gites de substances ainsi désignées, que, suivant nos terminologies, nous dirons « détachées de la propriété du sol », on peut acquérir des droits de recherche, soit par « permis général », soit par « permis spécial », ou des droits d'exploitation par « permis d'exploitation ».

Le droit de recherche par « permis général », qui ne confère pas de droit privatif ou exclusif pour un terrain, peut s'exercer sans distinction de substances. Le droit de recherche par « permis spécial » crée, pour le terrain sur lequel il porte, un droit privatif ou exclusif. Il semble bien, encore que le règlement ne soit pas suffisamment explicite sur ce point, qu'on doive faire une distinction entre les permis de recherche pour or et matières précieuses et les permis pour les autres substances sans distinction entre elles. En tout cas, il est certain que les « permis d'exploitation » ne valent que pour les mines ou les substances désignées au titre d'institution, en sorte qu'il pourra être créé des « permis d'exploitation » superposés pour substances différentes ultérieurement à l'institution de ces mines. On pourrait même concevoir théoriquement, comme dans notre droit minier métropolitain franco-belge, des périmètres de recherche « par permis spécial » superposés à un « permis d'exploitation » pour toutes les substances autres que celle ayant donné lieu à ce dernier permis.

Nul, que ce soit une personne physique ou une personne morale, fût-il propriétaire du sol, ne peut se livrer à la recherche des substances détachées de la propriété superficiaire sans être muni d'un « permis général de recherche minière » (art. 3), valable pour deux ans et indéfiniment renouvelable (art. 7), moyennant le paiement d'une somme de 100 francs (*id.*) ; c'est le « permis de chasse minier » au prix de 50 francs par an, qui tend à devenir traditionnel dans les pays neufs en dehors de nos colonies. Pour l'obtenir, les individus doivent être immatriculés au Congo et les sociétés doivent être fondées sous le régime des lois congolaises ou admises légalement à établir dans la colonie un siège d'opérations (art. 4).

Le titulaire d'un pareil permis peut faire librement des travaux de recherches effectives, c'est-à-dire exercer librement le droit qu'il tient de son permis, dans les terrains appartenant au Comité spécial qui ne sont ni clôturés, bâtis ou mis en culture par lui, ni affectés au profit d'un tiers d'un droit de jouissance. Dans ces derniers terrains, comme dans ceux qui appartiendraient en propriété à des tiers, il faut une autorisation spéciale du propriétaire ou de l'occupant.

Il va de soi que le titulaire d'un permis général ne peut faire de recherches ni dans des périmètres de recherche réservés par « permis spécial », ni dans des « permis d'exploitation », sauf, dans ceux-ci, pour des substances autres que celles pour lesquelles a été délivré « le permis d'exploitation » ; et, dans ce cas, nous l'avons dit, les permis de recherche ne valent que pour les substances autres que celles sur lesquelles porte le permis d'exploitation.

Le permis général de recherche ne confère aucun droit privatif ; on n'en acquiert que par « permis spécial et exclusif » en périmètre réservé. Ce périmètre est un cercle de 500 mètres de rayon (soit une surface de 78 hectares) au maximum, si les recherches portent, en tout ou en partie, sur des métaux précieux, des diamants ou des pierres précieuses, et de 2.500 mètres au maximum (surface de 1.963 hectares) dans tous les autres cas (art.14)(*).

C'est cette distinction entre les périmètres, que nous retrouverons par ailleurs, de laquelle on doit plus particulièrement déduire cette distinction entre substances, qui parait primordiale, encore que le règlement n'en ait parlé qu'implicitement.

Le droit au « périmètre réservé » s'acquiert à la priorité de l'occupation matérielle (art. 15) établie par la priorité de la pose du signal de fouille, la priorité ne pouvant être légalement acquise que si l'intéressé, dans les trente jours de son occupation (art. 18), a fait inscrire sa demande au bureau des mines en la présentant lui-même ou par le préposé qu'il a dû, à cet effet, désigner dans son « permis général » (art. 21). Cette demande est affichée pendant quarante jours au bureau (art. 22). Les oppositions formulées par écrit ne sont reçues que pendant ce délai. Elles sont vidées par l'autorité judiciaire; le permis n'est définitivement délivré par l'administration qu'en conformité de ces décisions. L'administration minière peut, même, en l'absence d'oppositions, refuser d'office le permis si elle estime que le périmètre porte sur des terrains réservés ou pour lesquels existent des droits antérieurs de recherche ou d'exploitation (art. 36), sauf recours à l'autorité judiciaire contre cette décision (art. 38).

(*) On est revenu au Katanga pour le périmètre de recherche réservé à la forme circulaire, à laquelle ailleurs on paraissait vouloir renoncer, à cause de ses inconvénients bien connus, malgré sa commodité d'application. Peut-être viderait-on cette discussion par l'adoption du carré avec côtés orientés N.-S. et E.-O. vrais, malgré les objections qui sont inhérentes à cette solution. A tout prendre, elle pourrait être la moins mauvaise.

Il semble résulter des articles 14 et 17 qu'il ne peut y avoir demande et attribution de permis spécial que s'il y a eu une mine découverte sous le bénéfice du « permis général », ce qui peut donc permettre de différencier les substances dans le « permis spécial » à délivrer.

Rien n'empêche d'ailleurs le titulaire d'un pareil permis de demander et de détenir simultanément autant de périmètres réservés qu'il veut et placés comme il veut.

Le permis spécial est délivré pour un terme de deux ans, prorogeable de deux autres années (art. 41), moyennant le paiement d'une somme de 200 francs pour chacune de ces périodes, soit de 100 francs par an (*).

Le permis spécial est cessible et transmissible moyennant déclaration et paiement d'une taxe de 5 p. 100 du prix de cession quand elle a lieu entre vifs (art. 47 et 49).

Le titulaire d'un permis spécial peut être autorisé à disposer du produit de ses recherches, moyennant une autorisation particulière et paiement d'une taxe de 10 p. 100 du produit brut (art. 46), c'est-à-dire de la valeur des produits extraits.

Un « permis d'exploitation » ne peut être obtenu, et seulement pour des terrains compris dans le cercle de recherche réservé, que par le titulaire de ce permis de recherche et tant qu'il n'est pas périmé, à la condition que le requérant justifie qu'il dispose du capital suffisant pour mettre la mine en exploitation régulière (art. 58).

Le « permis d'exploitation » porte sur un rectangle dont l'intéressé fixe librement l'orientation et les dimensions, pourvu qu'il reste dans le cercle de recherche réservé (art. 56) (**).

(*) Cette taxe fixe correspond à une redevance annuelle minimum par hectare de 1 fr. 28 pour les métaux précieux et pierres précieuses et de 0 fr. 06 pour toutes les autres substances.

(**) La surface maximum que peut avoir le rectangle serait donc un carré de 50 hectares pour les métaux précieux et pierres précieuses et de 1.250 hectares pour toutes les autres substances.

On voit, d'autre part, que l'obligation de maintenir le rectangle

Le permis d'exploitation, quelle que soit la date de sa
délivrance, n'est valable que jusqu'au 11 mars 1990
(art. 67), par suite dé la situation spéciale que nous avons
ci-dessus indiquée. A cette date la colonie du Congo belge
est subrogée de plein droit à tous les droits du titulaire
du permis et entre en possession des mines et du matériel d'exploitation (art. 74).

Le permissionnaire a le droit d'exploiter « la mine »,
dit l'article 67, et il faut entendre par là, comme nous
l'avons expliqué, les gîtes de la substance ou des substances désignées au titre d'institution. Ce droit d'exploitation comporte le droit de faire dans le périmètre toutes
les installations nécessaires à l'exploitation, y compris
les usines de traitement. Hors du périmètre on peut, avec
une autorisation administrative, en cas de refus du propriétaire ou de l'occupant, occuper les terrains nécessaires aux voies de communication et aux canalisations
électriques dont l'exploitant peut avoir besoin (art. 67).
Toute occupation reste interdite, sauf autorisation du propriétaire et de l'occupant, sur les terrains distants de
moins de 100 mètres d'une habitation ou d'une construction (*).

Dans tous les cas, les occupations de terrains donnent
droit, en faveur du propriétaire ou de l'occupant, à une
indemnité de non-jouissance ou, au bout d'un an d'occupation, à une indemnité d'acquisition si le propriétaire le

---

d'exploitation dans le cercle de recherche empêche d'avoir des permis
d'exploitation limitrophes, à moins de recourir à des cercles de
recherches subsidiaires qui correspondraient aux parties restant libres
entre les rectangles d'exploitation. C'est le problème bien connu des
demasias espagnols pour lequel le règlement du Katanga n'a pas donné
de solution explicite et que l'on peut éventuellement résoudre, comme
nous venons de le dire, au prix d'une grosse complication.

(*) Le texte de l'article 9, § c, que nous reproduisons, laisse subsister
la controverse, célèbre en France, avec le même article 11 de notre loi
de 1810, sur la question de savoir si l'autorisation, dont il s'agit, est
celle du propriétaire de l'habitation ou de la construction ou seulement
celle du propriétaire du terrain.

requiert; ces indemnités sont fixées éventuellement par les tribunaux (art. 69).

Sur les terrains occupés par les indigènes, les travaux doivent être autorisés par le vice-gouverneur général qui fixe l'indemnité et en surveille la répartition (art. 70).

Le règlement ne définit pas explicitement le caractère juridique du permis; mais en prévoyant (art. 60) qu'il peut être grevé de droits réels, il en fait implicitement un immeuble.

Le permis ne peut être cédé ou grevé de droits réels sans l'autorisation préalable du Comité, à peine de nullité des actes (art. 60); la cession donne lieu à une taxe de 5 p. 100 de sa valeur.

Le permissionnaire doit au Comité spécial des redevances annuelles :

1° De 1 p. 100 du produit brut, sans qu'elle puisse être inférieure à 0 fr. 50 par hectare pour toutes substances autres que les métaux précieux ou pierres précieuses; et, pour les métaux précieux ou pierres précieuses, de 5 0/0 avec minimum de 50 francs par hectare (art. 62);

2° De 33 p. 100 des bénéfices réalisés (art. 64) (*).

Si l'exploitant est une société par actions constituée pour l'exploitation de la mine, cette dernière redevance est remplacée par l'attribution au Comité spécial du Katanga de 33 p. 100 des actions de toute catégorie, complètement libérées, que ces actions soient créées à la fondation de la société ou postérieurement par augmentation du capital; le Comité ayant en outre le droit de nommer un délégué qui peut assister avec voix consultative à toutes les séances du conseil d'administration; il

---

(*) Dans le calcul des bénéfices sont admis, en déduction du produit brut, outre les frais directs d'exploitation et les frais généraux, des « amortissements industriels », sans que le règlement spécifie comment on doit les apprécier.

a aussi le droit de souscrire 20 p. 100 du capital originaire et de toute augmentation (art. 53).

La déchéance est encourue, après mise en demeure, à défaut de paiement des diverses redevances précitées (art. 65).

Elle peut également être encourue à défaut de mise en exploitation régulière au bout de deux ans, sauf justification admise par le Comité (art. 71).

La déchéance donne lieu à une adjudication faite au profit du concessionnaire déchu ; à défaut d'adjudication, le permis est annulé et les installations avec le matériel reviennent au Comité (art. 72).

Il nous reste à ajouter que le règlement prévoit (art. 1ᵉʳ, § 2), que les indigènes conservent les droits, réglés par la coutume, sur les mines qu'ils exploitent actuellement.

En principe, sauf des cas spéciaux où doit intervenir le vice-gouverneur général, l'application du règlement ou l'administration des mines est remise au « Comité spécial du Katanga », qui intervient par ses délégués ou ingénieurs. Il n'est pas besoin de dire que l'on n'a prévu que les clauses d'ordre économique, sans que l'on se soit préoccupé des clauses d'ordre technique pour la sécurité du personnel ou de la surface (*).

Régime spécial ou des compagnies à privilèges.

Une place à part doit être faite à l'*Union Minière du Haut-Katanga*, société anonyme constituée sous le régime congolais, le 28 octobre 1906, antérieurement à la Charte coloniale. L'Union minière du Haut-Katanga est en quelque sorte une filiale de la *Compagnie du Tanganyika* qui, par ses relations avec la Compagnie primitive du Katanga, a joué un rôle capital dans la mise en œuvre originaire de ce district. L'Union minière est au capital

---

(*) On a accordé, en 1911, 83 « permis spéciaux » de recherche.

de 20 millions de francs en 200.000 actions de 100 francs dont moitié en actions de capital, comme on dit en Belgique, ou de numéraire suivant nos appellations, et moitié en actions de dividende, ce que nous appelons actions d'apport (*).

La colonie, à raison de sa participation des 2/3 dans le Comité spécial du Katanga, possède 38.000 actions de dividende ou 19 p. 100 du capital total.

L'Union minière a reçu pour trente ans, à partir de sa constitution, le 28 octobre 1906, le droit exclusif d'exploitation dans les périmètres et pour les substances qui suivent, avec faculté pour elle de proroger ce droit jusqu'au 30 mars 1990, sous la condition qui sera ci-dessous rappelée :

1° Le droit exclusif d'exploitation des mines de cuivre, y compris les substances connexes et accessoires telles que l'or et l'argent, dans un périmètre qui s'étend de l'est-sud-est à l'ouest-nord-ouest, depuis la rive gauche du Kafuba au S.-E. d'Elisabethville jusqu'au Lualaba, sur une longueur d'environ 300 kilomètres et une largeur moyenne de 50 kilomètres ou quelque 1.600.000 hectares ;

2° Le droit exclusif d'exploiter l'étain et le wolfram entre le Lualaba à l'ouest, le Lafira et le Luingha à l'ouest, dans un périmètre N.-N.-E à S.-S.-O. d'environ 160 kilomètres de long sur 60 de large ou de 1.200.000 hectares environ ;

3° Le droit d'exploiter la mine d'or de Ruwe dans un carré de 5.000 sur 5.000 mètres ou 2.500 hectares, ce périmètre se trouvant englobé dans le périmètre du cuivre du 1° ;

(*) Dans le type de l'*Union minière*, la seule différence entre les actions de capital ou de numéraire et les actions de dividende ou d'apport est qu'à la liquidation, les premières toucheraient d'abord leur remboursement en espèces. Il n'y a pas de différence entre les deux types dans la répartition des bénéfices annuels.

4° Les deux mines de charbon de Shiwa et de mica (*)
de Katoro, situées sur le Lualaba, de 4.000 hectares pour
chacune d'elles ;

5° Toutes les mines de cuivre et d'étain en dehors des
périmètres respectifs 1° et 2° et toutes les mines de toutes
autres substances qui auront être découvertes et signalées
au Comité spécial avant le 15 mars 1907, chacune de
ces mines pouvant être délimitée par un polygone de
4.000 hectares ; clause en vertu de laquelle l'Union
minière s'est assuré le droit d'exploitation de 41 mines
qui, à 4.000 hectares, représenteraient 164.000 hectares.

Si l'on ajoute à ces mines proprement dites les terrains
pour lesquels l'Union minière a certains droits d'exploitation comme celui du calcaire et autres substances utiles
au traitement des mines, on est arrivé à apprécier à
quelque 4 millions d'hectares l'étendue sur laquelle cette
Société étend ses droits ; des mines de substances différentes pouvant avoir leurs périmètres superposés, comme
c'est le cas notamment de la mine d'or de Ruwe sur la
zone du cuivre. On aura, en effet, remarqué que, suivant
le système admis au Congo, les permis d'exploitation de
l'Union minière ont été institués strictement par substance
déterminée comme dans le système de notre loi de 1810 ;
les prospections et les recherches pour toutes autres substances que celles attribuées restant libres et pouvant
notamment être effectuées désormais sous les clauses du
règlement général.

Dans les concessions ainsi faites à l'Union minière, il
n'est question ni de rachat, ni de déchéances, ni de redevance annuelle quelconque, ni d'obligation d'exploiter.
Toute liberté est laissée à la société concessionnaire, et la
colonie a simplement reçu en échange la part précitée
d'actions de dividende ou d'apport.

(*) On remarquera que le mica n'est pas compris dans les substances
concessibles du régime de droit commun.

Mais il est spécifié, d'une part, qu'à chaque augmentation du capital par apport en numéraire il doit être créé un nombre égal d'actions de dividende ou d'apport qui seront réparties comme les actions primitives de sorte que la colonie conservera toujours sa part de 19 p. 100 du capital nominal total. D'autre part, si la Compagnie veut proroger ses droits de 1936 à 1990, elle doit augmenter son capital espèces de 30 p. 100 du capital existant à cette date, créer et remettre au *Comité spécial du Katanga* (dont 2/3 par suite pour la colonie) un nombre égal d'actions de dividende et enfin remettre audit Comité une somme égale au montant de l'augmentation du capital.

Si l'Union minière, même en augmentant son capital, ne pouvait exploiter par elle-même et devait créer des sociétés filiales ou rétrocessionnaires, elle se trouverait tenue par l'autorisation qu'elle doit obtenir à cet effet du *Comité spécial du Katanga.* Cette autorisation lui est également nécessaire pour tous emprunts, émissions d'obligations ou augmentation du capital en dehors des cas précédemment examinés.

Enfin, à l'expiration de la convention, la colonie se trouve subrogée à tous les droits de la Société et entre immédiatement en possession des mines et du matériel d'exploitation.

Les périmètres constitués ou les mines créées par suite de cette convention sont soumis pour les rapports avec les tiers et pour la police au régime des mines de droit commun.

Si large que puisse être la conception d'attributions de terrains dans ces immensités africaines, on n'a pas laissé de penser, en Belgique, que l'on avait peut-être passé la mesure avec l'Union minière du Haut-Katanga, et le ministre des Colonies l'a reconnu au Parlement de Bruxelles. Aussi, depuis la prise de possession du Congo par la Belgique, a-t-on adopté une nouvelle politique qui, sauf les étendues attribuées pour recherche ou exploitation, rapproche davantage le régime des compagnies à privilèges du régime du droit commun précédemment indiqué. Tout récemment, sept conventions viennent d'être passées avec sept sociétés différentes d'après un type qui, variantes près, est le suivant.

La société reçoit, pour une durée de deux ans généralement, ou exceptionnellement de trois ans, le droit de recherche exclusif pour toutes substances dans un périmètre de 200.000 hectares habituellement, qui doit être partagé en cinq blocs distincts. La société peut se faire attribuer, daus ce périmètre et pendant ce délai, le droit d'exploitation jusqu'au 31 mars 1990 des mines par elle découvertes par périmètre de 10.000 hectares au plus et pour dix périmètres au plus, soit, pour 100.000 hectares au maximum et elle a jusqu'au 31 décembre 1916 pour constituer des sociétés d'exploitation.

Pendant la période de recherches, la société doit payer une redevance de 1.000 francs par an et par prospecteur, ce qu'il faut entendre par chef de fouille. En admettant la possibilité de n'avoir qu'un prospecteur par bloc distinct de 40.000 hectares, cela reviendrait à une taxe de $2^c,5$ par hectare et par an. Mais rien n'empêcherait de n'avoir qu'un seul prospecteur pour les cinq blocs, ce qui réduirait la redevance pendant l'exploration à $0^c,5$ par hectare.

Pour la période d'exploitation on reutre dans un régime analogue à celui du droit commun avec les taxes annuelles de 1 p. 100 ou 5 p. 100, sous minimum de 0 fr. 50 ou 5 francs par hectare et par an, et avec la participation de 33 p. 100 dans les bénéfices représentée par l'attribution, en titres libérés, de 33 p. 100 de toutes catégories d'actions.

Bien que les conventions ne le disent pas explicitement, les relations avec les tiers et l'administration, tant pour les périmètres de recherche que pour ceux d'exploitation, seront régies par le droit commun, notamment en ce qui concerne les occupations de terrains, les cas et la procédure de déchéance. Si par là il est satisfait, en ce qui concerne la déchéance, à la clause à ce relative de l'article 15 de la charte coloniale, on ne voit pas, pas plus du reste que dans le règlement général ou de droit commun du Katanga, ci-dessus exposé, qu'on se soit préoccupé de la stipulation relative à la clause du rachat.

En parlant du régime de droit commun, nous avons dit comment, dans l'application de ce régime, les prospecteurs, explorateurs, ou demandeurs en permis d'exploitation étaient tenus éventuellement de respecter les droits de recherche et d'exploitation conférés par les conventions. Inversement, et bien que nulle part il n'en soit parlé explicitement, les compagnies à privilèges ou à contrats spéciaux devraient également respecter les droits antérieurs non périmés qui auraient pu être acquis par des tiers en suite de l'application du règlement général.

D'autre part, il n'est pas douteux que rien ne peut empêcher les sociétés à privilège de se prévaloir, en dehors de leurs périmètres par contrats spéciaux, des dispositions du règlement général et par suite d'acquérir, en dehors de ces premiers périmètres, des périmètres de recherche et des périmètres d'exploitation, en vertu du règlement général, au même titre et dans les mêmes conditions que toutes autres personnes.

En somme quatre traits caractérisent cette législation si spéciale du Katanga : 1° l'énormité des surfaces qu'on peut simultanément détenir, surtout dans le système des contrats spéciaux qui n'est accessible, il est vrai, qu'aux sociétés ayant de grandes ressources financières ou un fort crédit ; 2° l'insignifiance des taxes pour les permis de recherche ; 3° la temporanéité des exploitations dont la durée, invariablement fixée au 31 mars 1990, ira toujours s'atténuant jusqu'à rendre, à bref délai, le système impraticable, s'il était maintenu ; 4° l'énormité des prélèvements en faveur de l'État dont la forme, à coup sûr très particulière, qui ne peut séduire que des esprits prévenus, importe peu au fond. Que l'État prélève 33 p. 100 des bénéfices d'une entreprise à titre d'impôts, comme nous prélevons les 6 p. 100 dans la forme actuelle de nos redevances minières des sociétés par actions, ou que ce soit à raison d'apport ou de parts bénéficiaire, qu'est-ce que cela peut bien faire au fond, si l'on prend la peine d'y réfléchir? La forme congolaise a même contre elle la gêne qu'elle apporte nécessairement à toutes les transactions financières, notamment aux transformations de sociétés qui ne sont pas toutes de pure spéculation. Ce que le prélèvement du 33 p. 100 congolais a de particulièrement lourd et inopportun, c'est qu'il s'exerce, sans que le capital espèces ait commencé par prélever son intérêt, calculé à un taux suffisamment encourageant. Un pareil système est donc de nature, lorsque le rendement total n'est pas élevé par rapport au capital espèces effectivement investi à ne pas permettre à ce capital de recevoir la rémunération qui lui est due, surtout dans les conditions aléatoires de son emploi (*). Avec un pareil système administratif, dans la situation de fait du Congo, on ne pourra y exploiter que des gîtes non seulement de substances de haut prix, à raison du coût des transports, mais en outre pouvant donner des rendements considérables par rapport au capital investi ; et ces deux éléments ne dépendent pas nécessairement l'un de l'autre. L'industrie extractive de plus d'un pays a succombé ou ne s'est pas développée sous des régimes analogues.

. Nous laissons de côté, dans ces observations générales,

(*) Supposons que le rendement total soit de 7 0/0 du capital espèces, ce qui pourrait suffire ; avec le système congolais, l'actionnaire ne toucherait effectivement que 7 (1 — 0,33) = 4,79 0/0, ce qui serait insuffisant pour attirer les capitaux.

les substances qui pourraient être exploitées pour la consommation locale; la houille seule pourrait être dans ce cas; les conditions qui seraient faites à l'extraction de ces substances ne seraient pas meilleures pour le développement du pays. Un pareil régime, si on le prenait en lui-même sans tenir compte des circonstances qui ont conduit à l'adopter, ne semble donc pas devoir être approuvé et encore moins imité. On peut s'expliquer que l'on ait été amené à le pratiquer au Katanga, à raison des circonstances qui ont constitué les difficultés de l'origine. On peut être certain que ce régime sera revisé à plus ou moins brève échéance. L'administration normale, qui a charge actuellement du Congo, est trop avisée pour ne pas prévoir cette éventualité, qui pourrait se présenter assez naturellement avec la loi sur les mines qu'exige la charte coloniale; j'ai dit les mesures auxquelles pourra recourir l'administration pour arriver à cette transformation d'accord avec les contractants. Tout cela n'apparaît que comme un régime essentiellement transitoire, né de circonstances très particulières, et que l'on ne saurait donc invoquer comme un précédent d'après les principes qui l'auraient inspiré.

TOURS

IMPRIMERIE DESLIS FRÈRES ET Cie

6, rue Gambetta. 6